Fröhliches Herbstbasteln

Der Herbst ist da und beim Spaziergang erfreuen sich Groß und Klein an umherwirbelnden Blättern und leuchtenden Farben. Selbst gebaute Drachen steigen im kräftigen Herbstwind gen Himmel und süße Früchte können von den Bäumen geerntet werden. Holen Sie sich das bunte Treiben mit kleinen Waldtrollen, netten Zwergen, schaurigen Kürbisgestalten und Graf Dracula ins Haus!

Ob Türschilder mit witzigen Sprüchen, farbenfrohe Blumenstecker, schaurige Kühlschrankmagnete oder dekorative Fensterbilder – alles wird ganz schnell mit Windowcolor, Papier und bunten Blättern gebastelt.

Viel Spaß beim Basteln wünscht Ihnen Angelika Kipp

1

IHRE GRUNDAUSSTATTUNG
Folgende Materialien und Hilfsmittel benötigen Sie für fast alle Motive, sie werden in den einzelnen Materiallisten nicht gesondert aufgeführt.

- Schere
- Cutter mit geeigneter Schneideunterlage
- Kraftkleber oder Alleskleber, z. B. UHU
- Transparentpapier
- Bleistift
- Filzstift in Schwarz
- Buntstift in Rot
- Lineal
- evtl. Kreisschablone

So wird's gemacht

... mit Papier

1 Die benötigten Einzelteile ohne Überschneidungen auf Transparentpapier übertragen.

2 Das Transparentpapier auf eine dünne Pappe kleben und die Einzelteile sauber ausschneiden – fertig sind die Schablonen. Diese Schablonen einfach auf den Tonkarton in der gewünschten Farbe legen, mit einem Bleistift umfahren und die Einzelteile entlang der Kontur exakt ausschneiden.

3 Die Gesichter und alle Innenlinien mit einem schwarzen Filzstift aufmalen, die Wangen werden mit Buntstift gerötet. Die Einzelteile laut Abbildung und Vorlagenbogen positionieren und zusammenfügen.

2

3

... mit Windowcolor

1 Die Vorlage unter die Folie legen und mit Konturenfarbe die Linien nachzeichnen.

2 Nach dem Trocknen der Konturen die einzelnen Farbflächen ausmalen. Dabei darauf achten, dass sich die Farbe mit den Konturenlinien gut verbindet.

3 Das getrocknete Motiv ausschneiden und ans Fenster streichen oder – bei starker Folie – mit einem Faden aufhängen.

Tipps und Tricks

- Wollen Sie ein Motiv beidseitig gestalten, benötigen Sie die meisten Motivteile doppelt, einmal seitenverkehrt.
- Um Drahtenden zu locken, diese um einen Bleistift oder einen dünnen Stab wickeln, vorsichtig wieder abziehen und die Drahtspiralen etwas auseinander ziehen.

Verhextes Türschild

→ frech und bunt

MOTIVHÖHE
ca. 31 cm

MATERIAL
- Tonkarton in Mittel- und Hellblau, A3
- Tonkartonreste in Schwarz, Gelb, Orange, Hellgrün, Türkis, Lila, Rot, Aprikose, Braun, Rot-Weiß gepunktet und Gelb-Schwarz gestreift
- Tonpapierreste in Gelb, Rot und Grün
- 2 Stoffherbstblätter, ca. 3 cm bis 5 cm lang
- Paketschnur, 50 cm lang
- Wolle in Rot

VORLAGEN-BOGEN 1A

1 Die Gesichter und alle Innenlinien (gepunktet auf dem Vorlagenbogen) und das Flickenmuster mit Filzstift aufmalen. Die Wangen und die Hexennase mit dem Buntstift röten.

2 Die geflickte Schürze auf das Kleid setzen und den linken Ärmel samt Hand ergänzen. Die Beine mit Schuhen und die rechte zweiteilige Hand mit dem Besen fixieren. Die Hutteile zusammenfügen und mit den untergeklebten Haaren an das Kopfteil kleben. Das Kopf- und Körperteil zusammenkleben.

3 Die Paketschnur um den Besen wickeln und verknoten. Den hellblauen Kreis unter den mittelblauen Ring setzen. Die Hexe mit dem Besen platzieren und die Blätter, die Flicken und den Schriftzug (aus Tonpapier ausschneiden) aufkleben.

Fliegenpilzmännchen

→ fröhliches Klangspiel

MOTIVHÖHE
ca. 25 cm

MATERIAL

- Tonkartonreste in Rot, Weiß, Orange, Vanille, Braun und Meergrün
- Silberdraht, ø 0,4 mm, 30 cm lang
- 2 Stoffherbstblätter, ca. 3 cm bis 5 cm lang
- 2 Zweige Stoffherbstblätter
- Naturbast
- 10 Weidenzweige, ca. 25 cm lang
- je 1 Klangstab in Silber, ø 6 mm, 12 cm, 14 cm und 16 cm lang
- Faden in Schwarz

VORLAGENBOGEN 1A

1 Das Gesicht, die Innenlinien (gepunktet auf dem Vorlagenbogen) und das Flickenmuster mit Filzstift aufmalen. Die Wange und die Nasenspitze mit Buntstift röten. Die Haare und den gemusterten Pilzhut aufkleben.

2 Die Schuhe und die Hände unter das geflickte, kragenbesetzte Kleidungsstück kleben. Zwischen den linken zwei Handflächen einen Zweig mit Blättern fixieren.

3 Ein Stoffblatt mit einem gelockten Draht verzieren und auf den Hut kleben. Die Weidenzweige mit Bast bündeln und diesen zur Schleife binden. Das Pilzmännchen zwischen einzelne Weidenzweige stecken, mit ein wenig Klebstoff fixieren und mit einigen Herbstblättern dekorieren. Die Klangstäbe anknoten.

Lustige Zwerge

→ klein – aber oho!

MOTIVHÖHE
ca. 29 cm

MATERIAL LINKER ZWERG

- Tonkartonreste in Meergrün, Lila, Gelb, Schwarz, Weiß, Aprikose und Rot
- Regenbogenkartonrest in Gelb-Grün-Verlauf
- Zweig Stoffherbstblätter

RECHTER ZWERG

- Tonkartonreste in Meergrün, Lila, Gelb, Orange, Schwarz, Weiß, Rot, Grau und Aprikose
- Stoffherbstblatt, ca. 3 cm bis 5 cm lang

MÄDCHEN

- Tonkartonreste in Meergrün, Lila, Gelb, Orange, Schwarz, Rot und Aprikose
- 3 Stoffherbstblätter, ca. 3 cm bis 5 cm lang

VORLAGENBOGEN 1B

WEITERFÜHRUNG

Lustige Zwerge

1 Die Gesichter und Innenlinien (gepunktet auf dem Vorlagenbogen) mit Filzstift aufmalen. Die Wangen mit Buntstift röten.

2 Bei den Buben das Gesichts- hinter das Bartteil kleben und die Mütze fixieren. Die Hose samt Schuhen von hinten am Oberkörper fixieren.

3a Beim Zwerg mit grüner Mütze die Arme mit den Händen auf den Pullover kleben, beim rechten Arm die Birne mit einkleben und auf den linken Arm den Flicken setzen. Die Flickennähte mit Filzstift zeichnen.

3b Beim Zwerg mit lilafarbener Mütze das Hemd hinter die Schürze kleben und vorne die Tasche mit der eingeklebten Katze und dem Flicken aufsetzen. Die Katzenpfoten auf die Tasche kleben.

4 Jedem Zwergenjungen den Kopf auf den Körper kleben und die Zwerge mit Stoffblättern verzieren. Beim linken Zwerg ein Blatt vom Zweig abtrennen und auf den Ärmel kleben. Dem rechten Zwerg noch einen zweiteiligen Schmetterling auf die Mütze kleben.

5 Beim Mädchen das Gesicht auf das Haarteil kleben und die Mütze und die Haargummis anbringen. Die Hände und die Schuhe sowie die Flügel mit dem Flicken hinter das Kleid kleben. Das Gesichtsteil auf das Kleid kleben. Von hinten das beschriftete Herz platzieren. Das Mädchen mit Blättern und Flicken dekorieren.

Ich flieg auf Natur

Grinsende Vogelscheuche

→ farbenfrohes Türschild

MOTIVHÖHE
ca. 35 cm

MATERIAL
- Tonkarton in Meergrün, A2
- Tonkarton in Lila, A4
- Tonkartonreste in Gelb, Orange, Grün, Aprikose, Hell- und Dunkelrot, Weiß und Braun
- Filzrest in Orange
- Naturbast
- Füllwatte
- Grasfaser in Orange
- Paketschnur, ca. 70 cm lang

VORLAGENBOGEN 2A

1 Die Gesichter, Schuhbänder, die Flickenmuster und -nähte, das Bienenmuster und alle Innenlinien (gepunktet auf dem Vorlagenbogen) mit Filzstift aufmalen. Die Wangen mit Buntstift röten.

2 Die Grasfasern als Haare ankleben und die Nase anbringen. Das geflickte Halstuch mit etwas Füllwatte unterpolstern und auf die Jacke kleben. Hinter den Ärmelenden kurze Bastfäden fixieren. Die Hose mit den bunten Schuhen an der Rückseite der Jacke befestigen und das Kopfteil aufkleben. Den braunen Holzständer mit dem darauf liegenden Apfel hinter die Vogelscheuche kleben und den Paketschnurgürtel umbinden.

3 Die Vogelscheuche, die bunten Buchstaben, die Biene und den Flicken laut Abbildung auf das Herz kleben. Auf den Arm des bunten Kerlchens den zusammengefügten Vogel setzen.

Tipp: Die Punkte auf den Buchstaben und dem Flicken werden mit einem Bürolocher ausgestanzt.

WELCOME

Kecke Trolle

→ witzig frech

MOTIVHÖHE
Troll mit Schild ca. 29 cm

Waldtroll ca. 32 cm

MATERIAL WALDTROLL

- Tonkarton in Schwarz, Hellbraun und Orange, A4
- Tonkartonreste in Rotbraun, Hellgrün, Rot, Blau, Mittelbraun und Orange
- 2 Spinnenpailletten, 1,5 cm lang
- 4 Stoffherbstblätter, ca. 3 cm bis 5 cm lang

TROLL MIT SCHILD

- Tonkartonreste in Orange, Aprikose, Gelb, Braun und Rot
- Regenbogentonkartonrest in Rot-Violett-Verlauf
- Stoffherbstblatt, ca. 3 cm bis 5 cm lang
- Zweig Stoffherbstblätter

VORLAGENBOGEN 2A+2B

Waldtroll

1 Das Gesicht, die Fußstriche und alle Innenlinien (gepunktet auf dem Vorlagenbogen) mit Filzstift aufmalen. Die Wangen mit Buntstift röten.

2 Die Arme mit den Händen sowie die Hose mit den Füßen unter das Hemd kleben und die geflickte Weste aufsetzen. Das Gesicht mit der aufgeklebten Nase auf das Haarteil setzen und den Kopf auf den Körper kleben.

3 Den Troll auf den Waldboden stellen und die Pilze, Herbstblätter und Spinnen aufkleben.

Troll mit Schild

1 Dem Troll das Gesicht sowie die Hand- und Fußstriche mit Filzstift aufmalen und die Wangen mit Buntstift röten.

2 Die Hände hinter den Ärmeln festkleben und das Hemd sowie die Füße am Kleidchen fixieren. Das Gesicht auf das Haarteil kleben, dabei den Herbstblattzweig mit einfassen.

3 Das Schild beschriften, aufkleben und mit einem Herbstblatt schmücken.

Früchteparade

→ hier ist was los!

1 Die Konturen und Augen (Lichtpunkte nicht ausmalen) mit Konturenfarbe malen und trocknen lassen.

2 Die frechen Früchtchen laut Abbildung gestalten und die Farbe gut trocknen lassen. Eilige verkürzen die Trockenzeit mit einem Föhn. Kleine Zwischenräume, wie z. B. zwischen Maus und Apfelstiel oder den Beinen der Figuren, mit Kristallklar füllen.

3 Nach dem Trocknen das Obst ausschneiden und ans Fenster streichen.

Tipp: Die Figuren sehen besonders lustig als Parade aus. Einfach hintereinander ans Fenster kleben und mit Herbstblättern dekorieren, die mit Klebefilm befestigt werden.

MOTIVHÖHE
Pilz, ca. 25 cm

Apfel, ca. 22,5 cm

Birne, ca. 22 cm

VORLAGEN-BOGEN 2B

MATERIAL

- Adhäsionsfolie, 0,15 mm stark, ca. 50 cm x 35 cm
- Konturenfarbe in Schwarz
- Windowcolor in Rot, Weiß, Gelb, Terrakotta, Hellgrün, Smaragd, Blau und Kristallklar (Birne)

Rot, Weiß, Gelb, Smaragd und Kristallklar (Pilz)

Rot, Weiß, Gelb, Lila, Terrakotta, Orange, Smaragd, Violett und Kristallklar (Apfel)

Rabentreff

→ Farbtupfer im Herbst

MOTIVHÖHE
ca. 14 cm

MATERIAL PRO RABE

- Tonkartonreste in Schwarz, Weiß, Gelb, Orange, Meergrün und Lila bzw. Rot
- Nadel und Faden

VORLAGENBOGEN 3A

1 Die Augen mit einem Bürolocher ausstanzen und die Pupillen, Schnabelstriche und Flickennähte mit Filzstift aufmalen.

2 Den Schnabel auf das Kopfteil und die Füße unter das Kleid kleben. Beim kopfüber fliegenden Vogel den Kopf auf das gepunktete Kleidungsstück setzen. Bei den beiden anderen Raben das Flügel-Kopfteil unter das geflickte Kleid kleben.

3 Den Aufhängefaden mithilfe einer dünnen Nadel anbringen, dabei zur Orientierung die Markierungen auf dem Vorlagenbogen verwenden.

Gemütliche Waldeule

→ huhu!

1 Die Pupillen, das Spinnennetz und alle Innenlinien (gepunktet auf dem Vorlagenbogen) mit Filzstift aufmalen.

2 Den Schnabel, die zweiteiligen Augen und die Augenbrauen auf das Gesicht der Eule kleben. Das Bauchteil, die Krallen und das Gesicht auf dem Körper platzieren.

3 Die Eule auf den Ast setzen und die Kerze laut Abbildung aufkleben. Den Mond von hinten an dem Vogel befestigen und das Tier mit Herbstblättern dekorieren.

MOTIVHÖHE
ca. 22 cm

VORLAGENBOGEN 3B

MATERIAL
- Tonkarton in Hell- und Mittelbraun, A4
- Tonkartonreste in Dunkelbraun, Gelb, Orange, Rot und Vanille
- 5 Stoffherbstblätter, ca. 3 cm bis 5 cm lang

Türschild mit Hexe

→ Willkommen im Knusperhäuschen

MOTIVHÖHE
ca. 38 cm

MATERIAL
- Tonkarton in Grau, A4
- Tonkartonreste in Schwarz, Mittelbraun, Meergrün, Lila, Orange, Gelb, Rot, Aprikose, Pink, Dunkelgrau und Beige
- Grasfaser in Orange
- Bast in Natur
- Silberdraht, ø 0,4 mm, 30 cm lang
- 3 Spinnenpailletten, ca. 1,5 cm lang
- Weidenstock, ca. 23 cm lang
- Paketschnur, 35 cm lang
- Buntstift in Gelb
- Lochzange
- Nähnadel

VORLAGEN-BOGEN 3A

1 Das Gesicht der Hexe und alle Innenlinien (gepunktet auf dem Vorlagenbogen) mit Filzstift, das Gesicht der Katze mit Buntstift aufmalen. Die Hexenwangen mit Buntstift röten.

2 Die zweiteiligen Schuhe und das Halsteil unter das Kleid kleben. Die geflickten Mantelteile mit den Händen darauf kleben, dabei den rechten Arm nur im oberen Bereich festkleben.

3 Für den Besen Baststücke (ca. 10 cm lang) mit dem kurzen Stück Paketschnur um den Weidenzweig knoten und unter dem rechten Arm der Hexe fixieren.

4 Die Grasfasern hinter den Kopf kleben und diesen auf den mehrteiligen Hut setzen. Beim Herz mit einer Nadel Löcher einstechen, den Draht durchziehen und die Enden mit einem Holzstäbchen locken. Das Herz auf den Hut kleben und das Kopfteil auf das Kleid setzen.

5 Das beigefarbene Rechteck, die Katze, die Hexe, die Flicken und die Buchstaben auf das Herz kleben. Das Spinnengewebe aufmalen und die Spinnen auf dem Schild verteilt platzieren.

6 Zum Aufhängen des Türschildes die lange Paketschnur anknüpfen, dafür oben ins Herz mit einer Lochzange Löcher einstanzen.

Coole Gespenster

→ aus Windowcolor

MOTIVHÖHE
ca. 37 cm

MATERIAL
- Adhäsionsfolie, 0,15 mm stark, A3
- Konturenfarbe in Schwarz
- Windowcolor in Weiß, Grün, Gelb, Blau, Rot, Orange und Kristallklar
- 3 Spinnenpailletten, 1,5 cm lang

VORLAGEN-BOGEN 4A

1 Die Konturen und den Schriftzug mit Konturenfarbe aufzeichnen und trocknen lassen.

2 Die Flächen laut Abbildung farbig ausmalen. Enge Zwischenräume, z. B. zwischen den einzelnen Gespenstern und den Fäden des Spinnennetzes, mit kristallklarer Windowcolor ausmalen. Das Fensterbild gut trocknen lassen.

3 Die Spinnen aufkleben und das Motiv ausschneiden.

Tipp: Die Spinnenpailletten können auch vorsichtig in die feuchte Farbe eingelegt werden und trocknen mit dieser an.

MOTIVHÖHE
ca. 29 cm

MATERIAL
- Adhäsionsfolie, 0,15 mm stark, A3
- Konturenfarbe in Schwarz
- Windowcolor in Rot, Weiß, Hautfarbe, Violett, Türkisblau, Orange, Terracotta und Kristallklar
- Spinnenpaillette, 1,5 cm lang

VORLAGEN-BOGEN 4A

Graf Dracula

→ mit seinen Spielgefährten

1 Die Konturen auf die Folie zeichnen und das Haar und die Augen des Grafen (nicht die Lichtpunkte!) mit Konturenfarbe ausmalen. Die Farbe gut trocknen lassen.

2 Das Fensterbild laut Abbildung farbig gestalten. Motivzwischenräume, z. B. zwischen dem Grafen und der Fledermaus auf seiner Hand, mit kristallklarer Windowcolor ausmalen.

3 Nach dem Trocknen die Spinne auf die getrocknete Farbe kleben, Graf Dracula und seine Freunde ausschneiden und die Folie ans Fenster streichen.

Kürbis-Gespenst

→ schaurig-schöne Herbstdeko

MOTIVHÖHE
ca. 33 cm

MATERIAL
- Tonkarton in Weiß, A4
- Tonkartonreste in Orange, Gelb, Schwarz, Rot, Hellbraun und Meergrün
- 3 Zweige Stoffherbstblätter
- Chenilledraht in Schwarz, ø 8 mm, ca. 40 cm lang
- Naturbast
- 3 Spinnenpailletten, 1,5 cm lang
- Reisig
- Nadel und Faden

VORLAGENBOGEN 3B

1 Den orangefarbenen Kürbiskopf mit den Zähnen ausschneiden und die Zähne mit Filzstift schwarz anmalen. Den gelben Karton hinter das Kürbisgesicht kleben und die Pupillen und Gesichtslinien aufmalen.

2 Den dreiteiligen Hut zusammenfügen und mit den Basthaaren von hinten an den Kopf kleben.
Den Kopf auf den Körper kleben, auf diesen vorher das Spinnennetz aufmalen.

3 Den Chenilledraht als Gürtel umbinden, die Spinnenpailletten aufkleben und das Gespenst mit Stoffherbstblätterzweigen schmücken.

4 Das Kürbis-Gespenst mit ein wenig Klebstoff auf das Reisig platzieren. Am Hut mithilfe von Nadel und Faden einen Aufhängefaden anbringen.

MOTIVHÖHE
Katzen ca. 12 cm
Spinnen ca. 8 cm

MATERIAL PRO MOTIV
- Mobilefolienrest, 0,4 mm stark
- Konturenfarbe in Schwarz
- Windowcolor in

  Türkisblau, Orange, Violett, Lavendel und Rot (Katzen),

  Türkisblau, Orange, Violett und Rot (Spinne)

  Kristallklar und Türkisblau bzw. Violett (Spinnennetz)
- Magnet, ø 2 cm
- evtl. Spinnenpaillette, 1,5 cm lang

VORLAGENBOGEN 1B

Magnet-Tierchen

→ halten wichtige Informationen

1 Die Kontur auf die Folie zeichnen und auch Spinnen- und Katzennasen mit Konturenfarbe ausmalen. Die Farbe gut trocknen lassen.

2 Das Motiv farbig gestalten. Die Fläche zwischen den einzelnen Fäden des Spinnennetzes mit kristallklarer Windowcolor ausmalen.

3 Nach dem Trocknen der Farbe die Spinnenpailletten aufkleben und auf der Rückseite den Magnet ankleben.

Schlüsselgespenst

→ bewahrt alles sicher auf

1 Die Konturen auf die Mobilefolie aufzeichnen. Mit der Konturenfarbe auch die Brille und die Zähne ausmalen.

2 Nach dem Trocknen der Konturen die Flächen laut Abbildung farbig gestalten. Kleine Zwischenräume, z. B. zwischen den Schlüsseln, mit kristallklarer Windowcolor ausmalen.

3 Das Gespenst und die Sterne ausschneiden und mithilfe von Nadel und Faden zusammenfügen.

MOTIVHÖHE
ca. 23 cm (ohne Sterne)

MATERIAL
- Mobilefolie, 0,4 mm stark, A3
- Konturenfarbe in Schwarz
- Windowcolor in Weiß, Gelb, Flieder, Glimmersilber, Rot und Kristallklar
- Nadel und Faden

VORLAGENBOGEN 4B

Fledermaus am Nachthimmel

→ niedliches Fensterbild

MOTIVHÖHE
ca. 36 cm

MATERIAL
- Tonkarton in Schwarz, A3
- Tonkarton in Grau, A4
- Tonkartonreste in Gelb, Orange, Rot und Violett
- Silberdraht, ø 0,4 mm, 30 cm lang

VORLAGENBOGEN 4B

1 Das Gesicht der Fledermaus und alle Innenlinien (gepunktet auf dem Vorlagenbogen) mit Filzstift aufmalen und die Wangen mit Buntstift röten.

2 Die Nase und den Schal von vorn, das Fußpaar von der Rückseite ankleben.

3 Mit einer Nadel zwei Löcher in das Herz stechen, den Draht durchziehen und verdrehen. Die Drahtenden locken. Das Herz an den Mond kleben und ihn hinter dem Spinnennetz befestigen.

4 Von vorne die Fledermaus und die Sterne auf dem Spinnennetz bzw. der Fledermaus fixieren.

Tipp: Schön ist es, wenn noch viele einzelne Fledermäuse um das Spinnennetz fliegen.

Partyschild

→ schauriger Halloweengruß

MOTIVHÖHE
ca. 46 cm

MATERIAL
- Tonkarton in Hellbraun, A3
- Tonkarton in Dunkelgrau, Schwarz und Weiß, A4
- Tonkartonreste in Rot und Gelb
- Bast in Natur, ca. 50 cm lang
- 2 Plastikspinnen, 5 cm lang

VORLAGENBOGEN 3B

1 Das Gesicht und alle Innenlinien (gepunktet auf dem Vorlagenbogen) mit Filzstift aufmalen. Die Wangen mit Buntstift röten.

2 Die Füße von der Rückseite, die Hände von vorne am Gewand befestigen. An die rechte Hand den Stern, in die linke Hand die zweiteilige Kerze kleben. Über die Kerze das obere Handteil setzen.

3 Den Kopf auf den Körper und das Gespenst auf das Schild kleben.

4 Die Buchstaben und die Sterne auf das Schild kleben und die Spinnenweben mit Filzstift aufzeichnen. Die Spinnen laut Abbildung aufkleben und dem Gespenst den Gürtel aus Bast umbinden.

Let's have a party!

Kürbiszeit

→ Dekoratives für den Tisch

MOTIVHÖHE
ca. 11 cm bis 15 cm (nur Kürbis)

MATERIAL KÜRBIS

- Konturenfarbe in Schwarz
- Windowcolor in Gelb, Rot, Orange, Grün und evtl. Kristallklar
- Prospekthülle, A4

ZUSÄTZLICH PRO STECKER

- Mobilefolienrest, 0,4 mm stark
- Stoffherbstblatt, ca. 3 cm bis 5 cm lang
- Naturbast, 60 cm lang
- Messingstab, ø 2 mm, ca. 45 cm lang
- Spinnenpaillette, ca. 1,5 cm lang

TEELICHTER

- Prospekthüllen
- Glaswindlicht, ø ca. 14,5 cm
- Dekogras in Gelb bzw. Orange
- diverse Stoffherbstblätter, ca. 3 cm bis 5 cm lang
- evtl. Stoffsonnenblumen, ø ca. 4,5 cm

VORLAGENBOGEN 2A+4A

1 Die Kürbiskonturen auf die Folie malen, für den Windlichterschmuck oder für ein Fensterbild eine Prospekthülle verwenden, für einen Blumenstecker Mobilefolie. Zähne und Pupillen werden ebenso mit Konturenfarbe ausgemalt. Die Farbe gut trocknen lassen.

2 Den Kürbis laut Abbildung gestalten. Enge Motivzwischenräume mit kristallklarer Windowcolor gestalten.

3 Nach dem Trocken den Kürbiskopf ausschneiden bzw. von der Folie abziehen. Als Stecker auf den Metallstab kleben und mit Bast und einem Herbstblatt schmücken. Das Windlichtglas mit mehreren Kürbissen dekorieren und nach Belieben Herbstblätter und Stoffblumen mit Alleskleber aufkleben. Grasfaser um den Glasboden legen.

Zwei lustige Gesellen

→ lustige Herbststecker

MOTIVHÖHE
ca. 22 cm

VORLAGENBOGEN 1A

MATERIAL PRO STECKER

- Regenbogen-tonkartonrest in Gelb-Grün-Verlauf
- Tonkartonreste in Orange, Rot, Grün und Gelb
- Zweig Stoff-herbstblätter
- Messingstab, ø 2 mm, ca. 36 cm lang

Abbildung auch auf Seite 1.

1 Das Gesicht und die gepunkteten Linien (siehe Vorlagenbogen) mit Filzstift aufzeichnen. Die Wangen mit Buntstift röten.

2 Die Nase und die Kürbisstängel auf den Fruchtkopf kleben. Beim linken Kürbis die Arme und Beine von hinten an das geflickte Kleid kleben. In der linken Hand den Herbstblattzweig fixieren und die Finger darüber kleben.
Beim rechten Kürbis den linken Arm zusammen mit einem Blätterzweig auf das Kleid kleben. Die anderen Gliedmaßen von der Rückseite fixieren.

3 Den Kopf auf den Körper kleben und von der Rückseite den Messingstab anbringen.

DIESES BUCH ENTHÄLT 4 VORLAGENBOGEN

IMPRESSUM

FOTOS: frechverlag GmbH, 70499 Stuttgart; Fotostudio Ullrich & Co., Renningen
REINZEICHNUNGEN: Berthold Kipp
DRUCK: frechdruck GmbH, 70499 Stuttgart

Auflage:	5.	4.	3.	2.	1.	
Jahr:	2008	2007	2006	2005	2004	[Letzte Zahlen maßgebend]

ISBN 3-7724-3274-3
Best.-Nr. 3274